ANNE-CATHERINE BLEY
PHOTOGRAPHIES DE AKIKO IDA

BAR à SOUPES

LES PETITS PLATS
MARABOUT
ORIGINAUX & AUTHENTIQUES
DEPUIS L'AN 2000

Sommaire

Carnet pratique

1. Légumineuses et légumes secs

N'hésitez pas à acheter des conserves de châtaignes, de pois chiches.

Quant aux légumes secs, notamment les lentilles, leur inconvénient majeur serait leur temps de cuisson. À voir ! En effet, les lentilles corail, par exemple, cuisent rapidement. Et puis une soupe de lentilles, c'est un repas complet et très consistant. Pour d'autres légumes secs, comme les pois chiches ou les haricots rouges, on gagne du temps de cuisson en les achetant en conserve…

2. Légumes

Bio ou pas ? C'est important dès que la peau des légumes est consommable. Ça l'est (un peu) moins quand ils sont épluchés. Mais pour tous les légumes, lavage impératif. Hors saison, les légumes surgelés sont une bonne alternative. Ils ne subissent aucun traitement après cueillette autre que leur surgélation. Pour les tomates, optez pour celles en boîte, plus goûteuses que les fraîches.

Épinard, poireau : bien brassés dans de l'eau additionnée de vinaigre blanc, laissez les restes terreux se déposer au fond. Entaillez le blanc du poireau jusqu'au vert pour éliminer toute la terre.

Orties : les choisir loin des arrosages de pesticides, mais aussi loin des zones de passage des chiens ! Les gants de cuisine sont indispensables. Choisissez-les jeunes avant la floraison, et ne cueillez que la partie supérieure.

Courgette, concombre : je garde la peau, elle donne une belle couleur. Mais veillez à bien les nettoyer.

3. Gourmandises

Crème : de la crème fraîche épaisse ou liquide,
selon son envie, et lui ajouter herbes ou épices.

Fromage : bien sûr, le gruyère râpé et le parmesan.
Mais on peut aussi émietter du bleu ou du cantal.

Lardons mais aussi, moins gras, le bacon.
Et encore le chorizo, la pancetta et pourquoi
pas des boulettes de viande !

Noix et oléagineux : noix, noisettes, amandes, cajou,
cacahuètes, pignons de pin… légèrement grillés à la poêle.

Herbes fraîches : bien les laver, les équeuter.
Mais les ajouter fraîches au dernier moment ;
elles ne doivent pas cuire avec la soupe.

Pain : croûtons, crackers, pain de campagne…

Fanes : au printemps on peut tout à fait utiliser les fanes
de radis ou de navets. Bien les laver ! Évitez par contre les
fanes de carottes, elles donnent un peu trop d'amertume.

4. Bien mixer

À mon avis, rien ne vaut un mixeur plongeant pour
obtenir la bonne consistance. Mais tous les autres robots
sont performants, notamment la dernière génération
de blenders chauffants et de cuiseurs à soupe… on
s'éloigne définitivement du moulin à légumes !

Hachez un petit bouquet de coriandre et parsemez-la sur la crème de carottes.

crème de Carottes

Préparation : 10 minutes – Cuisson : 30 minutes

4 personnes
500 g de carottes
1 oignon
1 cuillerée à soupe d'huile d'olive
1 l d'eau
½ cuillerée à café de coriandre en poudre
10 cl de crème fraîche
sel

Pelez, lavez et coupez les carottes en rondelles. Épluchez et émincez l'oignon.

Dans un faitout, faites revenir l'oignon dans l'huile chaude pendant quelques minutes. Ajoutez les carottes, l'eau et un peu de sel. Couvrez et portez l'eau à ébullition. Réduisez le feu et laissez frémir. Faites cuire pendant 30 à 40 minutes jusqu'à ce que les carottes soient tendres.

Hors du feu, mixez longuement afin d'obtenir une consistance très fine. Ajoutez un peu d'eau, si nécessaire. Rectifiez l'assaisonnement et ajoutez la crème fraîche au moment de servir.

Carottes
& fenouil

Préparation : 10 minutes – Cuisson : 40 minutes

4 personnes
500 g de carottes
1 oignon
1 gros fenouil
1 cuillerée à soupe d'huile d'olive
1 l d'eau
sel

Pelez, lavez et coupez les carottes en rondelles. Épluchez et émincez l'oignon. Lavez le fenouil, ôtez les petites feuilles et coupez tout le reste, y compris les parties plus vertes en petits morceaux.

Dans un faitout, faites revenir l'oignon et le fenouil dans l'huile d'olive chaude. Laissez le tout devenir translucide, en remuant de temps en temps. En cuisant de cette façon, le goût d'anis assez prononcé du fenouil s'atténue. Ajoutez les carottes, l'eau et un peu de sel. Portez à ébullition puis baissez le feu et laissez frémir. Faites cuire pendant 30 minutes environ jusqu'à ce que les carottes soient très tendres.

Hors du feu, mixez finement et ajoutez un peu d'eau, si nécessaire. Ajoutez un trait d'huile d'olive, parsemez les feuilles de fenouil ciselées et poivrez.

Servez avec des tranches de pain grillées et beurrées.

Le chou-fleur donne une délicieuse onctuosité à la soupe.

Chou-fleur
bleu d'Auvergne

Préparation : 10 minutes – Cuisson : 25 minutes

4 personnes
1 chou-fleur moyen
½ poireau
1 cuillerée à soupe d'huile d'olive
1 l d'eau
sel
150 g de bleu d'Auvergne
(ou autre fromage bleu)

Nettoyez le chou-fleur et coupez-le en bouquets. Épluchez et émincez le poireau, puis rincez abondamment pour éliminer toute trace de terre.

Dans un faitout, faites revenir les morceaux de poireau dans l'huile d'olive chaude. Ajoutez les bouquets de chou-fleur, l'eau et une petite pincée de sel. Portez à ébullition puis baissez le feu et laissez frémir. Faites cuire pendant 15 minutes environ jusqu'à ce que le chou-fleur soit très tendre.

Hors du feu, ajoutez le bleu d'Auvergne coupé en morceaux. Mixez finement et rectifiez l'assaisonnement.

Petits pois
à la menthe

Préparation : 5 minutes – Cuisson : 30 minutes

4 personnes
500 g de petits pois (frais et écossés ou surgelés)
1 oignon
5 ou 6 feuilles de salade (laitue, batavia)
2 brins de menthe
15 cl de crème fleurette
1 l d'eau
sel

Écossez les petits pois, si nécessaire. Épluchez et émincez l'oignon. Lavez et hachez grossièrement les feuilles de salade. Rincez la menthe.

Mettez les petits pois, l'oignon et la salade dans un faitout. Ajoutez l'eau et un peu de sel. Portez à ébullition, puis réduisez le feu et laissez frémir pendant 25 minutes.

Hors du feu, ajoutez les feuilles de menthe et la crème. Rectifiez l'assaisonnement.

Mixez longuement afin de ne plus sentir les enveloppes des petits pois.

Gardez de la menthe et du fromage de chèvre en topping.

Courgettes
chèvre & menthe

Préparation : 5 minutes – Cuisson : 20 minutes

4 personnes
800 g de courgettes
1 oignon
3 brins de menthe
1 fromage de chèvre frais
50 cl d'eau
1 cuillerée à soupe d'huile d'olive
sel

Lavez, épluchez et coupez les courgettes en rondelles. Épluchez et émincez l'oignon.

Dans un faitout, faites revenir l'oignon pendant quelques minutes dans l'huile chaude, en remuant pour qu'il n'attache pas. Ajoutez les courgettes, un peu de sel et versez l'eau ; elle ne doit pas recouvrir les courgettes. Portez à ébullition, puis baissez le feu et poursuivez la cuisson pendant 15 minutes.

Lavez et effeuillez les brins de menthe. Hors du feu, ajoutez le fromage de chèvre frais coupé en morceaux et la menthe. Les courgettes contenant naturellement beaucoup d'eau, prélevez 1 ou 2 louches de bouillon de cuisson avant de mixer, quitte à rajouter ce bouillon pour obtenir la bonne consistance. Mixez finement.

Potiron
châtaignes

Préparation : 15 minutes – Cuisson : 25 minutes

4 personnes
600 g de potiron
1 oignon
300 g de châtaignes au naturel (en conserve ou surgelées)
2 cuillerées à café d'huile d'olive
50 cl d'eau
10 cl de crème fleurette
noix de muscade
sel

Lavez et épluchez le potiron. Coupez-le en morceaux. Épluchez l'oignon, puis émincez-le finement.

Dans un faitout, faites revenir pendant quelques minutes l'oignon dans l'huile chaude, en remuant de temps en temps. Ajoutez la chair de potiron et l'eau. Remuez deux ou trois fois au cours de la cuisson. Salez et couvrez. Portez à ébullition puis laissez frémir pendant 20 minutes. La chair du potiron doit quasiment se défaire.

Dans une petite casserole, faites chauffer les châtaignes dans un peu d'eau, à feu doux. Égouttez-les et réservez-les.

Hors du feu, mixez finement le potiron et ajoutez la crème fraîche. Râpez un peu de noix de muscade sur la surface et rectifiez l'assaisonnement. Ajoutez les châtaignes et mixez de nouveau, en laissant quelques morceaux.

Faites griller 4 châtaignes émiettées dans une poêle et parsemez-en la soupe !

Râpez un peu de noix de muscade sur le dessus et ajoutez la crème fraîche.

Potiron
cannelle gingembre

Préparation : 10 minutes – Cuisson : 30 minutes

4 personnes
800 g de potiron
1 petit oignon
1 gousse d'ail
50 g de gingembre frais
2 cuillerées à café bombées
de cannelle en poudre
2 cuillerées à soupe d'huile d'olive
50 cl d'eau
noix de muscade
10 cl de crème fraîche
sel

Lavez et épluchez le potiron. Coupez-le en morceaux. Épluchez l'oignon, l'ail et le gingembre, puis émincez-les finement.

Dans un faitout, faites revenir l'oignon, l'ail et le gingembre dans l'huile chaude avec la cannelle. Remuez régulièrement pour qu'ils n'attachent pas, puis ajoutez la chair de potiron et l'eau. Remuez les morceaux deux ou trois fois au cours de la cuisson. Salez et couvrez. Portez à ébullition puis laissez frémir pendant 20 minutes. La chair du potiron doit quasiment se défaire.

Hors du feu, mixez la soupe finement en ajoutant, si nécessaire, un peu d'eau afin d'obtenir la consistance souhaitée.

Crème
aux orties

Préparation : 10 minutes – Cuisson : 30 minutes

4 personnes
2 oignons
200 g de pommes de terre
400 g de pointes d'ortie fraîches et non traitées
200 g d'épinards
75 cl d'eau
1 cuillerée à soupe d'huile d'olive
crème fraîche
sel

Épluchez et émincez les oignons. Lavez, épluchez et coupez les pommes de terre en morceaux. Rincez les orties et les épinards.

Dans une cocotte, faites revenir les oignons dans l'huile d'olive, en remuant de temps en temps. Ajoutez les épinards et les pointes d'ortie, remuez, couvrez et laissez réduire pendant 3 minutes. Ajoutez les pommes de terre, l'eau et un peu de sel. Portez à ébullition puis baissez le feu et laissez cuire pendant 20 minutes.

Hors du feu, mixez finement et rectifiez l'assaisonnement.

–

On ne peut compter que sur soi pour s'approvisionner en ortie. Gants indispensables ! Cueillez les pointes uniquement (10 à 12 cm environ), sur de jeunes pousses.

Ajoutez une cuillerée de crème fraîche dans l'assiette de chaque convive.

Poireaux
coco curry

Préparation : 15 minutes – Cuisson : 40 minutes

4 - 5 personnes
500 g de poireaux
300 g de pommes de terre
1 oignon
2 cuillerées à café rases de curry
200 ml de lait de coco
75 cl d'eau
2 cuillerées à soupe d'huile d'olive
sel

Lavez les poireaux et coupez-les en petits morceaux. Lavez et pelez les pommes de terre. Coupez-les en petits morceaux. Épluchez et émincez l'oignon.

Dans un faitout, faites revenir pendant quelques minutes l'oignon et le curry dans l'huile chaude, en remuant bien. Ajoutez les poireaux, mélangez et laissez revenir pendant 5 minutes. Ajoutez les pommes de terre, l'eau et un peu de sel. Couvrez et faites cuire pendant 30 minutes environ jusqu'à ce que tous les légumes soient bien cuits.

Hors du feu, ajoutez le lait de coco et mixez finement pour obtenir une soupe onctueuse. Rectifiez l'assaisonnement.

Bloody mary

Préparation : 10 minutes – Cuisson : 20 minutes

4 personnes
2 branches de céleri
1 oignon
1 kg de tomates pelées et concassées, en conserve
10 cl de vodka
1 cuillerée à soupe de Tabasco®
1 cuillerée à soupe de sauce Worcestershire
le jus + les zestes de 1 citron vert non traité ou bio
2 cuillerées à soupe d'huile d'olive
25 cl d'eau
sel

Lavez et épluchez le céleri, puis débitez-le en petits morceaux. Épluchez et émincez l'oignon.

Dans un faitout, faites revenir pendant 10 minutes le céleri et l'oignon dans l'huile chaude, en remuant régulièrement. Ajoutez les tomates, l'eau et un peu de sel. Portez à ébullition, baissez le feu et laissez frémir pendant 15 minutes.

Hors du feu, mixez finement la soupe. Ajoutez la vodka, le Tabasco® et la sauce Worcestershire. Rectifiez l'assaisonnement. Ajoutez le jus de citron à la soupe et parsemez les zestes avant de servir.

Cette soupe est aussi délicieuse servie froide !

Gardez un peu de ricotta pour la déco.

Tomates
pommes ricotta

Préparation : 5 minutes – Cuisson : 20 minutes

5 personnes
1 oignon
2 belles pommes (Belle de boskoop, golden)
1 kg de tomates pelées
et concassées, en conserve
1 petite boîte de concentré
de tomates
4 cuillerées à soupe de ricotta
50 cl d'eau
1 cuillerée à soupe d'huile d'olive
1 cuillerée à café de sucre
en poudre (facultatif)
sel

Épluchez et émincez l'oignon. Lavez, épluchez et coupez les pommes en morceaux.

Dans un faitout, faites revenir pendant quelques minutes l'oignon dans l'huile d'olive chaude, en remuant de temps en temps. Ajoutez les tomates, l'eau et un peu de sel. Portez à ébullition, réduisez le feu et laissez mijoter pendant 10 minutes. Ajoutez les pommes et le concentré de tomates. Mélangez et prolongez la cuisson de 5 minutes.

Hors du feu, mixez la soupe avec la ricotta. Goûtez et ajoutez le sucre, si nécessaire. Rectifiez l'assaisonnement.

Céleri
poires

Préparation : 10 minutes – Cuisson : 25 minutes

4 personnes
1 boule de céleri-rave
1 oignon
3 belles poires
1 cuillerée à soupe d'huile d'olive
1 l d'eau
sel
noix de muscade (facultatif)

Rincez et pelez la boule de céleri et débitez-la en petits morceaux. Épluchez et émincez l'oignon.

Dans un faitout, faites revenir l'oignon dans l'huile d'olive, à feu doux, pendant quelques minutes. Ajoutez le céleri, l'eau, un peu de sel, et couvrez. Portez à ébullition puis baissez le feu et laissez frémir. Faites cuire pendant 20 minutes. Rincez et pelez les poires, puis coupez-les en morceaux. Ajoutez-les au céleri et prolongez la cuisson de 5 minutes.

Hors du feu, mixez finement la soupe, en ajoutant un peu d'eau, si nécessaire. Rectifiez l'assaisonnement. Râpez et saupoudrez un peu de noix de muscade si vous le souhaitez.

Parsemez la soupe de graines de sésame.

Carottes
ananas gingembre

Préparation : 15 minutes – Cuisson : 35 minutes

500 g de carottes
1 oignon
1 ananas moyen
2 cuillerées à soupe
de gingembre frais, haché
(1 morceau de 60 g)
1 cuillerée à soupe d'huile d'olive
1 l d'eau
20 cl de jus d'ananas
sel

Pelez, lavez et coupez les carottes en rondelles. Épluchez et émincez l'oignon et le gingembre. Épluchez et coupez l'ananas en morceaux. Réservez.

Dans un faitout, faites revenir l'oignon et le gingembre dans l'huile chaude pendant quelques minutes, en remuant de temps en temps. Ajoutez les carottes, l'eau et un peu de sel. Portez à ébullition puis baissez le feu et laissez frémir. Faites cuire pendant 30 minutes environ jusqu'à ce que les carottes soient très tendres.

Hors du feu, ajoutez les morceaux d'ananas, le jus et un peu d'eau, si nécessaire. Mixez suffisamment longtemps pour que la soupe soit très lisse. Rectifiez l'assaisonnement. Il est possible d'ajouter 1 cuillerée à café de sucre pour adoucir l'acidité.

Carottes
pommes céleri

Préparation : 15 minutes – Cuisson : 35 minutes

4 personnes
500 g de carottes
2 branches de céleri
3 belles pommes (type belle de boskoop)
1 oignon
1 cuillerée à soupe d'huile d'olive
1 l d'eau
sel

Pelez, lavez et coupez les carottes en rondelles. Épluchez et émincez l'oignon. Lavez les branches de céleri et découpez-les en petits tronçons. Il est possible de réserver les feuilles des branches de céleri pour les ciseler sur la soupe au moment de servir.

Dans un faitout, faites revenir dans l'huile d'olive l'oignon et les tronçons de céleri pendant quelques minutes. Remuez de temps en temps. Ajoutez les carottes, l'eau et un peu de sel. Portez à ébullition puis baissez le feu et laissez frémir. Faites cuire pendant 25 minutes. Pelez, évidez et coupez les pommes en gros morceaux. Ajoutez-les dans le faitout et prolongez la cuisson de 5 minutes.

Hors du feu, mixez finement et ajoutez un peu d'eau, si nécessaire.

Ajoutez un trait d'huile d'olive avant de servir.

Ajoutez 1 cuillerée à café de sucre pour adoucir l'acidité des tomates.

Haricots rouges
tomates chili

Préparation : 10 minutes – Cuisson : 30 minutes

4 - 5 personnes
500 g de tomates bien mûres
(ou tomates pelées, en conserve)
2 gousses d'ail
1 oignon
500 g de haricots rouges, en conserve
le jus de 1 citron
50 cl d'eau
2 cuillerées à café de pâte de chili (ou de Tabasco®)
sel

Lavez les tomates et coupez-les en morceaux. Épluchez et émincez finement l'ail et l'oignon. Rincez les haricots rouges.

Versez tous les ingrédients dans un faitout, ajoutez l'eau et un peu de sel. Faites cuire à feu doux pendant 30 minutes, à couvert, jusqu'à ce que les haricots soient bien cuits.

Hors du feu, ajoutez le jus du citron et la pâte de chili. Mixez grossièrement et rectifiez l'assaisonnement.

Mulligatawny

Préparation : 15 minutes – Cuisson : 25 minutes

4 personnes
2 petites patates douces
2 carottes
1 poivron rouge
2 oignons
50 g de gingembre frais
2 cuillerées à café de curry en poudre (ou en pâte)
1 cuillerée à soupe de cumin en poudre
1 cuillerée à café de cardamome en poudre
200 g de lentilles corail
2 pommes (granny-smith)
2 cuillerées à soupe d'huile d'olive
50 cl d'eau
le jus de 1 citron
1 bouquet de coriandre
sel

Lavez les patates douces et les carottes, épluchez-les et coupez-les en dés. Lavez le poivron, ôtez le pédoncule et les graines, et coupez-le en petits morceaux de même taille. Épluchez et émincez les oignons et le gingembre.

Dans un faitout, faites revenir dans l'huile chaude les oignons, le poivron, le gingembre et les épices. Mélangez bien, puis ajoutez les lentilles, les dés de patate douce et de carotte. Salez très légèrement. Versez 50 cl d'eau, couvrez et laissez cuire pendant 15 à 20 minutes. Remuez régulièrement afin que les lentilles n'attachent pas.

Lavez et pelez les pommes, et coupez-les en petits dés. Ajoutez-les en fin de cuisson, avec un peu d'eau si nécessaire, et laissez mijoter 5 minutes. Ajoutez le jus du citron et rectifiez l'assaisonnement.

Décorez avec quelques feuilles de coriandre.

Gardez un peu de persil et de raisins pour le service.

Pois chiches
à l'orientale

Préparation : 5 minutes – Cuisson : 25 minutes

3 personnes
250 g de pois chiches égouttés, en conserve
1 oignon
2 gousses d'ail
1 bouquet de persil frisé
1 cuillerée à café de curry
1 cuillerée à café de cumin en poudre
250 g de tomates bien mûres
50 cl d'eau
50 g de raisins secs
2 cuillerées à soupe d'huile d'olive
sel

Rincez et égouttez les pois chiches. Épluchez et émincez l'oignon et l'ail. Lavez le persil et ôtez les tiges.

Dans un faitout, faites revenir pendant quelques minutes l'oignon et l'ail avec les épices dans l'huile chaude. Remuez pour bien mélanger. Ajoutez les pois chiches, les tomates coupées en morceaux et le persil. Ajoutez l'eau et un peu de sel. Portez à ébullition puis réduisez le feu et laissez mijoter pendant 20 minutes.

Hors du feu, mixez grossièrement la soupe. Ajoutez un peu d'eau, si nécessaire. Rectifiez l'assaisonnement. Ajoutez les raisins avant de servir.

Lentilles vertes
coriandre

Préparation : 10 minutes – Cuisson : 45 minutes

4 personnes
1 oignon
300 g de lentilles vertes
4 cuillerées à soupe d'huile d'olive
1,5 l d'eau
1 bouquet de coriandre fraîche
1 brin de menthe fraîche
le jus de 1 citron
sel

Épluchez et émincez l'oignon. Faites-le revenir pendant quelques minutes dans un faitout avec la moitié de l'huile d'olive, en remuant de temps en temps. Ajoutez les lentilles, l'eau et un peu de sel. Portez à ébullition puis baissez le feu et laissez mijoter pendant environ 45 minutes jusqu'à ce que les lentilles soient très tendres et s'écrasent facilement. Remuez de temps en temps afin qu'elles n'attachent pas.

Passez les herbes sous l'eau et égouttez-les. Effeuillez-les, puis hachez-les. Réservez au frais.

Hors du feu, mixez finement la soupe. Ajoutez le jus du citron, l'huile d'olive restante et les herbes.

Lentilles corail
coco citron vert

Préparation : 5 minutes – Cuisson : 30 minutes

4 personnes
1 oignon
1 gousse d'ail
300 g de lentilles corail
300 g de tomates pelées
et concassées, en conserve
1 cuillerée à café bombée
de cumin en poudre
½ cuillerée à café de cannelle
en poudre
1 l d'eau
200 ml de lait de coco
le jus de 1 citron vert
1 cuillerée à soupe d'huile d'olive
sel

Épluchez et émincez l'ail et l'oignon.

Dans un faitout, faites-les revenir pendant quelques minutes dans l'huile chaude avec les épices en remuant. Ajoutez les lentilles, les tomates, l'eau et un peu de sel. Portez à ébullition puis réduisez le feu et laissez mijoter pendant 30 minutes à feu moyen jusqu'à ce que les lentilles soient très tendres et s'écrasent facilement. Remuez de temps en temps afin qu'elles n'attachent pas.

Hors du feu, ajoutez le lait de coco et le jus du citron vert. Mixez finement. Rectifiez l'assaisonnement.

Lentilles corail
épinard

Préparation : 10 minutes – Cuisson : 45 minutes

4 personnes
1 oignon
1 gousse d'ail
300 g de lentilles corail
2 cuillerées à café de curcuma
1 cuillerée à café de cumin moulu
1 cuillerée à café de cannelle moulue
1 l d'eau
2 cuillerées à soupe d'huile d'olive
200 g d'épinards en branche (frais ou surgelés)
le jus de ½ citron
sel

Épluchez et émincez l'ail et l'oignon. Dans un faitout, faites-les revenir pendant quelques minutes dans l'huile chaude avec les épices. Remuez pour qu'ils n'attachent pas. Ajoutez les lentilles, l'eau et un peu de sel. Portez à ébullition puis réduisez le feu et laissez mijoter pendant 30 minutes à feu moyen jusqu'à ce que les lentilles soient très tendres. Remuez de temps en temps afin qu'elles n'attachent pas.

Dans une autre casserole, faites cuire les épinards dans un peu d'eau. Lorsqu'ils sont cuits, égouttez-les et réservez au chaud.

Hors du feu, ajoutez le jus de citron et mixez finement. Ajoutez les épinards et mixez plus grossièrement, afin qu'il reste des morceaux d'épinard. Rectifiez l'assaisonnement.

Parsemez une poignée de noix de cajou concassées grillées 5 minutes dans une poêle chaude.

Lentilles corail
aubergine

Préparation : 20 minutes – Cuisson : 40 minutes

4 personnes
1 oignon
3 gousses d'ail
70 g de gingembre frais
300 g de lentilles corail
100 g de tomates pelées et concassées
2 petites aubergines
4 cuillerées à soupe d'huile d'olive
1 l d'eau
½ citron
sel

Épluchez et émincez l'ail, l'oignon et le gingembre. Dans un faitout, faites revenir l'oignon avec la moitié de l'ail et du gingembre pendant 5 minutes dans 2 cuillerées à soupe d'huile. Ajoutez les lentilles, les tomates, l'eau et un peu de sel. Portez à ébullition puis laissez mijoter pendant 30 minutes à feu moyen jusqu'à ce que les lentilles s'écrasent facilement.

Dans une poêle, faites revenir dans l'huile chaude restante le reste de gingembre et d'ail. Ajoutez les morceaux d'aubergine et faites cuire pendant 10 minutes à feu doux et à couvert. Remuez régulièrement.

Hors du feu, mixez finement les lentilles. Ajoutez le jus de citron et rectifiez l'assaisonnement et la consistance, puis ajoutez les morceaux d'aubergines grillés.

Tomates
boulettes de viande

Préparation : 20 minutes – Cuisson : 20 minutes

4 personnes
1 oignon
2 gousses d'ail
1 kg de tomates concassées, en conserve
1 petite boîte de concentré de tomates
2 brins de thym
25 cl d'eau
2 cuillerées à soupe d'huile d'olive
1 cuillerée à café de sucre
sel

Pour les boulettes
200 g de steak haché
1 jaune d'œuf
1 petite échalote hachée
2 cuillerées à café de cumin en grains
1 cuillerée à soupe d'huile d'olive
sel, poivre

Épluchez et émincez l'oignon et l'ail. Dans un faitout, faites-les revenir quelques minutes dans l'huile chaude en remuant. Ajoutez les tomates, le concentré de tomates et le thym. Ajoutez l'eau et un peu de sel. Portez à ébullition, baissez le feu et laissez mijoter pendant 15 minutes.

Mélanger la viande, l'œuf, l'échalote et la moitié des graines de cumin. Faites les boulettes en roulant dans le creux de la main l'équivalent d'une cuillerée à café de mélange. Dans une poêle, faites chauffer l'huile d'olive et laissez griller les graines de cumin restantes 1 minute. Ajoutez les boulettes et faites dorer 5 minutes en remuant. Salez et poivrez.

Hors du feu, mixez la soupe. Goûtez et ajoutez le sucre si nécessaire. Rectifiez l'assaisonnement, ajoutez les boulettes et réchauffez le tout afin que les saveurs se mêlent.

Accompagnez cette soupe de tranches de pain grillées

Châtaignes
aux lardons

Préparation : 10 minutes – Cuisson : 35 minutes

4 personnes
1 carotte
1 branche de céleri
1 oignon
2 gousses d'ail
600 g de châtaignes au naturel
1 bouquet garni (brin de thym
et laurier)
1 cuillerée à soupe d'huile d'olive
1,5 l d'eau
sel
200 g de lardons fumés

Pelez la carotte et coupez-la en rondelles. Ôtez les feuilles du céleri, émincez-le et débitez-le en petits tronçons. Épluchez et émincez l'ail et l'oignon.

Dans un faitout, faites revenir tous les légumes pendant 5 minutes dans l'huile d'olive, en remuant de temps en temps. Rincez les châtaignes, ajoutez-les ainsi que l'eau et le bouquet garni. Salez. Portez à ébullition puis baissez le feu et laissez frémir 30 minutes jusqu'à ce que les carottes et les châtaignes soient tendres.

Hors du feu, ôtez le bouquet garni. Mixez finement, puis couvrez et réservez au chaud. Dans une poêle, faites dorer les lardons sans matière grasse. Ajoutez-les à la soupe au moment de servir.

Épinards
chorizo

Préparation : 15 minutes – Cuisson : 30 minutes

4 personnes
600 g d'épinards frais (ou surgelés)
2 échalotes
1 cuillerée à soupe d'huile d'olive
1 noix de muscade
1 l d'eau
1 petit chorizo (plus ou moins piquant selon l'envie)
sel

Lavez les épinards et ôtez les plus grosses tiges. Hachez-les grossièrement. Épluchez et émincez les échalotes.

Dans un faitout, faites revenir les échalotes dans l'huile pendant quelques minutes. Ajoutez les épinards, couvrez et laissez réduire pendant 3 minutes, en les remuant de temps en temps pour qu'ils n'accrochent pas. Ajoutez l'eau et un peu de sel, puis couvrez. Portez à ébullition puis baissez le feu et laissez frémir. Faites cuire pendant 25 minutes.

Hors du feu, mixez finement les épinards jusqu'à l'obtention d'une consistance très fluide. Rectifiez l'assaisonnement et râpez un peu de noix de muscade. Couvrez et maintenez au chaud. Débitez le chorizo en rondelles. Dans une poêle chaude, faites-les griller en les remuant sans cesse. Ajoutez ces rondelles à la crème d'épinards avec une partie de la graisse de cuisson.

Patate douce
lardons

Préparation : 5 minutes – Cuisson : 35 minutes – Repos : 5 minutes

4 personnes
500 g de patates douces
1 oignon
200 g de tomates pelées
et concassées, en conserve
2 brins de thym frais
1 cuillerée à soupe d'huile d'olive
75 cl d'eau
200 g de lardons fumés
sel

Lavez les patates douces en les grattant avec une brosse ou une éponge propre. Enlevez les nœuds et coupez les patates en morceaux. Épluchez et émincez l'oignon.

Dans un faitout, faites revenir l'oignon dans l'huile chaude pendant quelques minutes, en remuant de temps en temps. Quand il est translucide, ajoutez les patates douces, les tomates, le thym, un peu de sel et couvrez d'eau. Portez à ébullition, puis réduisez le feu et laissez mijoter pendant 20 minutes jusqu'à ce que les patates douces soient fondantes.

Hors du feu, ôtez les brins de thym et mixez finement. Ajoutez un peu d'eau, si nécessaire : la consistance ne doit pas être trop épaisse. Rectifiez l'assaisonnement. Dans une poêle bien chaude, faites dorer les lardons et ajoutez-les à la soupe avant de servir.

Potimarron
bacon

Préparation : 20 minutes – Cuisson : 25 minutes

4 personnes
800 g de potimarron
1 oignon
2 cuillerées à soupe d'huile d'olive
75 cl d'eau
huile de noix
une dizaine de fines tranches
de bacon
sel, poivre

Nettoyez bien le potimarron, mais ne l'épluchez pas, coupez le potimarron en deux, ôtez toutes les graines et les filaments, puis coupez-les en petits morceaux. Pelez l'oignon et émincez-le.

Dans un faitout, faites revenir l'oignon dans l'huile d'olive pendant quelques minutes. Ajoutez le potimarron, l'eau et un peu de sel. Portez à ébullition puis réduisez le feu et laissez frémir pendant environ 20 minutes jusqu'à ce que la peau du potimarron soit tendre.

Préchauffez le four à 180 °C. Étalez les tranches de bacon sur une plaque recouverte de papier cuisson. Laissez-les griller de 5 à 10 minutes, en les retournant à mi-cuisson. Laissez refroidir.

Hors du feu, mixez le potimarron finement en ajoutant un peu d'eau, si nécessaire. Rectifiez l'assaisonnement et donnez un tour de moulin à poivre.

Ajoutez un filet d'huile de noix et servez avec les chips de bacon.

Pois cassés
lardons

Préparation : 15 minutes – Cuisson : 40 minutes

4 personnes
150 g de poireaux
100 g de carottes
1 oignon
200 g de pois cassés
2 cuillerées à soupe d'huile d'olive
75 cl d'eau
125 g de lardons fumés
sel

Lavez, épluchez et coupez en petits morceaux le poireau et les carottes. Épluchez et émincez l'oignon.

Dans un faitout, faites revenir pendant quelques minutes l'oignon dans l'huile d'olive chaude. Ajoutez les autres ingrédients – à l'exception des lardons –, l'eau et très peu de sel. Portez à ébullition puis baissez le feu et laissez mijoter pendant 30 à 40 minutes jusqu'à ce que les pois cassés soient bien cuits et se défassent.

Hors du feu, mixez finement. Ajoutez un peu d'eau, si nécessaire afin d'obtenir la bonne consistance. Réservez au chaud.

Faites revenir les lardons dans une poêle. Lorsqu'ils sont bien grillés, ajoutez-les à la soupe, poivrez et servez.

Soupe
portugaise au chorizo

Préparation : 15 minutes – Cuisson : 30 minutes

4 personnes
500 g de chou vert portugais
(ou de chou vert frisé)
200 g de pommes de terre à soupe
100 g de carottes
1 à 2 gousses d'ail
1 l d'eau
sel
½ petit chorizo (plus ou moins piquant selon l'envie)

Nettoyez tous les légumes. Effeuillez le chou, ôtez le trognon et coupez-le en petits morceaux. Épluchez les pommes de terre ainsi que les carottes, et coupez-les en rondelles. Épluchez l'ail et émincez-le.

Dans un grand faitout, versez l'eau froide et ajoutez l'ail, les carottes et les pommes de terre. Salez légèrement, couvrez, portez à ébullition puis baissez le feu et laissez frémir pendant 20 minutes. Ajoutez les morceaux de chou, remuez bien le tout, et prolongez la cuisson de 10 minutes jusqu'à ce que les carottes soient tendres et que les pommes de terre fondent dans le bouillon.

Hors du feu, mixez très grossièrement. Réservez au chaud. Découpez le chorizo en rondelles. Faites-les poêler pendant 3 minutes. Ajoutez les rondelles grillées et un peu de graisse de cuisson à la soupe.

Poivrez et parsemez de thym au moment de servir.

Lentilles vertes
saucisse de Morteau

Préparation : 10 minutes – Cuisson : 45 minutes

4 personnes
1 oignon
1 carotte
1 ou 2 brins de thym frais
300 g de lentilles vertes
1 cuillerée à soupe d'huile d'olive
1,5 l d'eau
1 petite saucisse de Morteau
sel

Lavez et épluchez l'oignon et la carotte. Émincez l'oignon et coupez la carotte en rondelles.

Dans un faitout, faites revenir l'oignon dans l'huile d'olive pendant quelques minutes. Ajoutez la carotte, les brins de thym, les lentilles et la saucisse de Morteau (sans son étiquette de label !). Versez l'eau. Remuez le tout. Salez très légèrement. Portez à ébullition puis baissez le feu et laissez mijoter pendant 45 minutes environ jusqu'à ce que les lentilles soient très tendres et s'écrasent facilement. Remuez de temps en temps afin qu'elles n'attachent pas.

Hors du feu, ôtez les brins de thym et la saucisse ; réservez-la.

Mixez longuement et finement les lentilles. Rectifiez l'assaisonnement. Épluchez la saucisse sans vous brûler avec la graisse chaude. Découpez-la en petits dés et ajoutez-les à la soupe avant de servir.

Gaspacho

Préparation : 15 minutes – Cuisson : 30 minutes
Repos 30 minutes

6 personnes
1 poivron rouge
700 g de tomates bien mûres
1 petit concombre
1 gousse d'ail
4 oignons nouveaux moyens
2 cuillerées à soupe d'huile d'olive
3 cuillerées à soupe de vinaigre balsamique
40 cl d'eau
Tabasco®
1 cuillerée à café rase de sucre en poudre
sel

Lavez tous les légumes. Videz et coupez le poivron en petits morceaux, ainsi que les tomates et le concombre. Épluchez la gousse d'ail, ôtez le germe et émincez-la finement. Épluchez les oignons et émincez-les très finement.

Mettez tous ces ingrédients dans un blender. Ajoutez l'huile, le vinaigre, l'eau et un peu de sel.

Mixez pendant quelques minutes en laissant un peu de texture. Ajoutez quelques gouttes de Tabasco® et le sucre. Placez au réfrigérateur pendant 30 minutes minimum. Servez.

Épinards
avocat

Préparation : 10 minutes – Cuisson : 20 minutes
Repos : 3 heures + 1 heure

4 personnes
400 g d'épinards
1 oignon
1 yaourt brassé
2 avocats bien mûrs
le jus de 1 citron vert
sauce Worcestershire
2 cuillerées à soupe d'huile d'olive
75 cl d'eau
noix de muscade
sel

Lavez abondamment les épinards et ôtez les tiges épaisses. Épluchez et émincez l'oignon. Dans un faitout, faites revenir l'oignon pendant quelques minutes dans l'huile chaude. Ajoutez les épinards, couvrez et faites revenir pendant quelques minutes. Ajoutez l'eau et un peu de sel.

Portez à ébullition, baissez le feu et laissez mijoter pendant 15 minutes. Laissez refroidir à température ambiante avant de réfrigérer plusieurs heures.

Lorsque les épinards sont bien froids, ajoutez le yaourt, les avocats coupés en morceaux, le jus du citron vert. Rapez un quart de noix de muscade. Mixez finement, rectifiez l'assaisonnement, et relevez d'un trait de sauce Worcestershire.

Réfrigérez pendant 1 heure minimum avant de servir.

Pastèque
gingembre citron vert

Préparation : 15 minutes – Repos 1 heure
Repos 1 heure

3 personnes
¼ de pastèque bien mûre
½ concombre
50 g de gingembre frais
le zeste et le jus de 1 citron vert non traité ou bio
1 verre d'eau
sel et poivre ou 2 cuillerées
à soupe de sucre en poudre

Lavez et épépinez la pastèque. Coupez-la en morceaux. Lavez, épluchez et coupez le concombre en morceaux. Épluchez et émincez le gingembre. Prélevez le zeste du citron.

Mélangez tous ces ingrédients, à l'exception du zeste, et mixez avec le jus du citron et le verre d'eau.

Cette soupe peut être servie soit salée, en ajoutant le sel et le poivre, soit sucrée, en smoothie, avec l'ajout du sucre.

Réfrigérez pendant 1 heure minimum et parsemez le zeste de citron au moment de servir.

Courgettes
gingembre citron confit

Préparation : 10 minutes – Cuisson : 45 minutes

4 personnes
700 g de courgettes
1 oignon
50 g de gingembre frais
2 citrons confits en saumure
50 cl d'eau
1 cuillerée à soupe d'huile d'olive
sel

Lavez les courgettes et coupez-les en rondelles. Épluchez et émincez l'oignon et le gingembre.

Dans un faitout, faites revenir l'oignon et le gingembre pendant quelques minutes dans l'huile, puis ajoutez les courgettes. Ajoutez l'eau et un peu de sel. Les courgettes ne doivent pas être recouvertes d'eau. Portez à ébullition, baissez le feu et laissez mijoter pendant 15 minutes.

Égouttez les citrons. Prélevez des zestes et coupez-les en petits morceaux. Récupérez la chair à l'aide d'une petite cuillère.

Hors du feu, mixez finement la soupe et ajoutez la chair des citrons. Laissez refroidir pendant quelques heures à température ambiante avant de réfrigérer. Parsemez les zestes et servez immédiatement.

58, rue Jean Bleuzen 92178 Vanves Cedex

Stylisme : Sabrina Fauda-Rôle
Mise en page : 34 studio
Relecture : Sabrina Bendersky et Véronique Dussidour

Dépôt légal : septembre 2017
ISBN : 978-2-501-12524-6
7043061
Achevé d'imprimer en octobre 2017 sur les presses de Graficas Estella

PAPIER À BASE DE FIBRES CERTIFIÉES

MARABOUT
s'engage pour l'environnement en réduisant l'empreinte carbone de ses livres.
Celle de cet exemplaire est de :
600 g éq. CO_2
Rendez-vous sur www.marabout-durable.fr